# Nuestro nuevo hogar

### por Morgan Lloyd

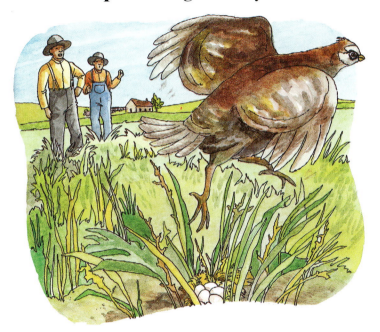

### ilustrado por Burgandy Beam

**Scott Foresman**
is an imprint of

Glenview, Illinois • Boston, Massachusetts • Chandler, Arizona
Upper Saddle River, New Jersey

Every effort has been made to secure permission and provide appropriate credit for photographic material. The publisher deeply regrets any omission and pledges to correct errors called to its attention in subsequent editions.

Unless otherwise acknowledged, all photographs are the property of Pearson.

Photo locations denoted as follows: Top (T), Center (C), Bottom (B), Left (L), Right (R), Background (Bkgd)

Illustrations by Burgandy Beam

Photograph 16 Corbis

ISBN 13: 978-0-328-53391-6
ISBN 10:     0-328-53391-2

**Copyright © by Pearson Education, Inc., or its affiliates.** All rights reserved. Printed in Mexico. This publication is protected by copyright, and permission should be obtained from the publisher prior to any prohibited reproduction, storage in a retrieval system, or transmission in any form or by any means, electronic, mechanical, photocopying, recording, or likewise. For information regarding permissions, write to Pearson Curriculum Rights & Permissions, One Lake Street, Upper Saddle River, New Jersey 07458.

**Pearson®** is a trademark, in the U.S. and/or other countries, of Pearson plc or its affiliates.

**Scott Foresman®** is a trademark, in the U.S. and/or other countries, of Pearson Education, Inc., or its affiliates.

—¡So! —gritó papá. El caballo y la carreta pararon.

—Ésta es nuestra parcela de terreno —dijo papá—. ¿Qué les parece?

Jacobo y Enriqueta miraron a su alrededor. La pradera se extendía hasta donde alcanzaba la vista. Parecía un mar de pasto.

—Es un buen lugar para nuestro nuevo hogar —dijo mamá.

La familia había recorrido cientos de kilómetros desde el Este para empezar una nueva vida. Papá les había dicho: "La gente libre necesita tierra nueva para vivir, y en el Oeste hay tierras para todos".

Llenaron una carreta con lo necesario para construir su nuevo hogar en aquellas tierras. Empacaron ollas y sartenes, herramientas, cobijas y un fogón pequeño. La carreta iba llena de kilos de comida: harina, frutas secas, tocino y semillas para sembrar. También llevaban cuatro gallinas.

La primera noche fue cálida y serena. Mamá preparó un guiso de conejo y luego la familia se sentó alrededor de la fogata para conversar. Las estrellas brillaban. En el Este casi nunca se podían ver, pero aquí se podía ver casi la galaxia entera.

—No será fácil cultivar el terreno y hacerlo nuestro hogar —dijo papá—. Pero si vivimos aquí cinco años, será nuestro. Trabajaremos duro. Y nunca olvidaremos lo bueno que es ser libre.

Al principio durmieron al aire libre. Una noche de luna llena, Jacobo oyó el aullido de un coyote en la distancia. Se asustó, pero su papá estaba a su lado. Jacobo se cubrió bien con la cobija. Contaba los días hasta tener una casa con paredes para dormir bajo techo.

Todos estaban muy ocupados. En cuanto terminaban un trabajo, siempre había algo más que hacer. Cavaron un pozo para sacar agua. Papá enseñó a Jacobo a cortar pasto en cuadrados para hacer el techo. El trabajo era difícil. A Jacobo le dolían las manos y la espalda.

Enriqueta ayudó a mamá a construir el gallinero y a plantar la huerta de verduras. Sembraron semillas de papas, calabazas, frijoles y sandías. Luego araron la tierra para sembrar maíz.

Poco a poco, la parcela se fue convirtiendo en un hogar. Una tarde, Jacobo y Enriqueta jugaban en el campo. A Jacobo le encantaba sentarse entre el pasto alto para observar los pájaros y el resto de la fauna silvestre. De pronto, Enriqueta tomó a Jacobo de una mano y gritó: —¡Mira eso, Jacobo!

Cuando miró hacia arriba, Jacobo vio una nube oscura y retorcida que venía hacia ellos. ¡Era un tornado! Los dos corrieron a casa.

—¡Mamá, papá! —gritaron—. ¡Viene un tornado!

Jacobo y Enriqueta se sentaron con mamá y papá dentro de la casita con techo de pasto. Afuera, el viento retumbaba. Pasaron unos minutos, y después todo quedó en calma.

Salieron a ver qué había pasado. El techo de la casa había quedado muy dañado. Casi todas las plantas de maíz estaban regadas por el suelo. Lo peor de todo era que las gallinas habían desaparecido. Enriqueta empezó a llorar.

—Tenemos la suerte de estar sanos y salvos —dijo mamá.

Como las verduras de la huerta estaban pequeñas, el tornado no las maltrató mucho. La familia arregló lo que pudo. Pasaron varias semanas y las plantas crecieron. Luego vino una semana de lluvia.

—Un poco de lluvia ayudará a la cosecha —dijo mamá, tratando de sonreír.

Pero fue más que un poco. El agua se colaba por el techo de pasto. Comenzó a gotear dentro de la casa. Caían trozos de barro por todas partes. Algunos le cayeron encima a Enriqueta.

Por fin paró de llover. Las verduras de la huerta crecieron y maduraron al sol. Pronto la cosecha de maíz estuvo lista. Enriqueta y Jacobo trabajaron muy duro. Recogieron verduras de la huerta. Estaban contentos de tener tanta comida. Jacobo sabía que la iban a necesitar en el invierno.

Durante el invierno, la familia se quedó dentro de la casa. Mamá y Enriqueta bordaban una colcha. Por la noche, papá tocaba el banjo y todos cantaban.

Todo el invierno sopló un viento muy fuerte y frío. Cuando papá salía a cazar, a veces cazaba un conejo. Otras veces no había nada de carne para comer.

Una mañana, Enriqueta no se levantó. Mamá le tocó la frente y dijo: —La niña tiene fiebre.

Enriqueta se quedó en cama todo el día. No quiso comer. Jacobo le trajo agua fresca y la cubrió con otra cobija.

Los días pasaron y Enriqueta no mejoraba. El tiempo empeoró. Caía tanta nieve que afuera se veía oscuro. Papá metió el caballo en la casa para que no se congelara y muriera. Al segundo día la nieve cubría las ventanas y no se podía ver hacia afuera. Mamá derritió un poco de nieve en el fogón para tener agua. Casi no les quedaba comida.

Al cuarto día, Jacobo se despertó y sintió un rayo de sol en la cara.

—¡Enriqueta, despierta! —gritó—. ¡Paró de nevar!

Poco a poco, el tiempo cambió de frío a cálido. Enriqueta se sentía mejor. Cada día comía un poquito más y pronto caminaba por todas partes.

Un día, mientras Jacobo y su papá caminaban entre las plantas de maíz, un ave saltó en el aire frente a ellos.

—¡Es una gallina de las praderas! —exclamó papá. El ave se posó no muy lejos de ellos. Jacobo vio un nido de pasto acolchado con plumas. El nido estaba lleno de huevos.

Papá se sacó el sombrero y lo llenó de pasto. Luego, con mucho cuidado puso los huevos en el sombrero, uno por uno.

—Podemos llevárselos a Enriqueta —dijo Jacobo—. Así tendrá gallinas de nuevo.

Mientras caminaban de regreso a casa, Jacobo pensó en su primer año en la parcela de terreno y su nuevo hogar. Habían sobrevivido muchos desafíos. Su nueva vida no era fácil, pero Jacobo sabía que juntos iban a convertirla en algo grande.

# Vida de pionero

Esta historia toma lugar en Nebraska durante la década de 1870. Muchos afroamericanos se unieron a las miles de personas que se mudaron en esos años al Oeste en busca de nuevas tierras donde vivir.

Estos pioneros enfrentaron muchos desafíos. El clima en las praderas era duro. Sobrevivieron tornados, sequías, tormentas de polvo, incendios forestales, tormentas eléctricas, granizadas, ventiscas de nieve y mucho frío.

Los pioneros cazaban animales para comer, pero esos animales podían ser un peligro. Algunos dañaban las cosechas o mataban el ganado. Vivir en medio de tanta soledad fue quizás lo peor de todo. Los vecinos, los doctores y cualquier ayuda quedaban muy lejos.